GUIDELINES:

- ON EACH PAGE FIND AND CIRCLE THE WORDS FROM THE PUZZLE LIST
- WORDS ARE AT MEDIUM LEVEL AND MAY APPEAR HORIZONTALLY, VERTICALLY OR DIAGONALLY
- USE A PENCIL TO ERASE MISTAKES AS SOME WORDS MAY BE DIFFICULT TO FIND
- AT THE END OF THE BOOK THERE IS A MODEL WITH ALL THE ANSWERS
- AT THE END OF THE BOOK THERE IS A MODEL WITH ALL THE ANSWERS
- REMEMBER NO THO CHEET, HAVE FUN!

WORDS TO DISCOVER :

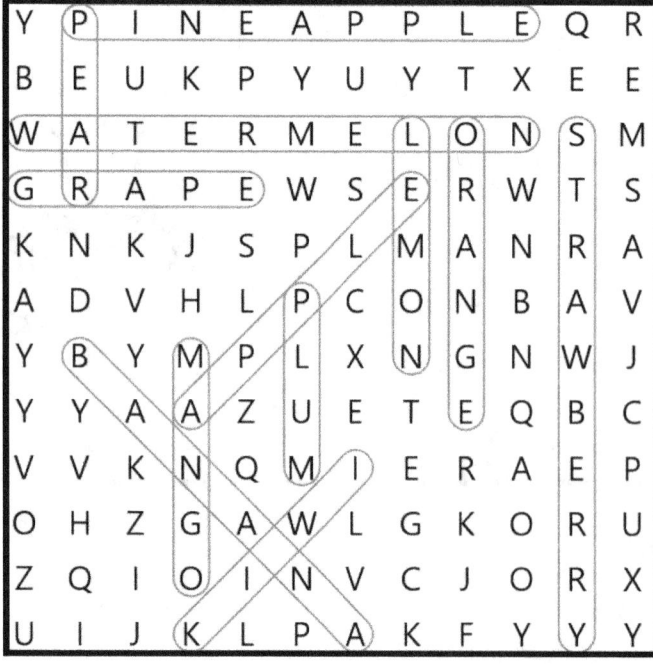

- APPLE
- BANANA
- PINEAPPLE
- MANGO
- WATERMELON
- GRAPE
- PEAR
- ORANGE
- LEMON
- STRAWBERRY
- KIWI
- PLUM

WORDS TO DISCOVER PAGE 1

```
E Z X K Y U W G S R D F
T G E R D Q L E J K U K
D A U A J O L L N R W O
W H E R O B C I E R V O
Y H K H A L P T O M S K
A Q C T M B U T O N A N
O S G T C P A E H R P A
R O G U M D U R E O O K
Y C P O P L A V P G J U
R C C Y B G I E X C A H
V E A P V U G J C V X R
P R R I C E H H D V Q R
```

- LION
- LITTER
- BLUE
- DOCTOR
- TABLE
- SCHOOL
- CAR
- COMPUTER
- SOCCER
- HEAD
- RICE
- PINK

WORDS TO DISCOVER PAGE 2

```
Z P C I X F I P E O R H
C O Q J R C B E A N M O
S A P R Y I A A R M Q S
O A H X I V S U N M W P
L R O X O K K R E A N I
U D N F U C E E I J N T
B B E P K H T D L B N A
Q S S A C A B I G L T L
X I Z A T I A J G B U R
W T E B U R L H C E L L
Y T S U N F L O W E R Z
X W M S D A H N Y H Y K
```

- TIGER
- BANANA
- RED
- TEACHER
- BEAN
- CHAIR
- HOSPITAL
- BUS
- BASKETBALL
- ARM
- SUNFLOWER
- CELL PHONE

WORDS TO DISCOVER PAGE 3

```
U J S S E N G I N E E R
N U F A L E G A Y V T D
V O L L E Y B A L L L T
C E S Z P U E C M V U P
O I X I H G S W T Q Q S
B I L T A B L E T C P B
F U R U N R K K N D T V
T B D R T R O I N P I D
W U S X A O A E W X Y F
X C T M B R E A D F Z C
M T R U T R B C X P N I
O R A N G E U R A T M E
```

- **VOLLEYBALL**
- **LEG**
- **BREAD**
- **BOOK**
- **ELEPHANT**
- **ORANGE**
- **GREEN**
- **ENGINEER**
- **MARKET**
- **TRAIN**
- **TULIP**
- **TABLET**

WORDS TO DISCOVER PAGE 4

```
T E Q W M B X Q R N F P
B K B N Y D M Z W Q I R
F K L I B R A R Y N N L
Q O V R J W P I X I T W
E Z C F R T S C S Z E H
G C S C G E E M N Y R G
A T T O R N E Y C D N I
R L C Y A N F E I A E R
L I U L P I Z L D J T A
Z E P C E S E L I Y J F
C H E E S E U O F Y P F
G C H A N D H W J X M E
```

- GIRAFFE
- GRAPE
- YELLOW
- ATTORNEY
- TENNIS
- HAND
- CHEESE
- PEN
- LIBRARY
- PLANE
- DAISY
- INTERNET

WORDS TO DISCOVER PAGE 5

M	X	L	E	R	R	B	T	I	W	P	V
G	Q	M	A	N	G	O	A	N	L	A	W
U	S	G	P	T	B	E	J	A	O	R	I
Z	W	A	A	O	I	B	C	B	F	K	I
O	I	E	R	H	I	N	O	L	O	X	W
Q	M	L	C	H	V	X	R	A	O	G	K
O	M	R	H	O	E	D	C	C	T	K	X
T	I	G	I	V	Z	B	H	K	B	S	N
V	N	M	T	J	C	E	I	R	J	Z	A
H	G	Y	E	J	A	O	D	G	P	Y	O
P	E	N	C	I	L	W	A	N	V	W	K
X	B	H	T	C	G	I	N	W	E	D	Q

- RHINO
- MANGO
- BLACK
- ARCHITECT
- SWIMMING
- FOOT
- MEAT
- PENCIL
- PARK
- BOAT
- ORCHID
- ROBOT

WORDS TO DISCOVER PAGE 6

```
P B K F Q G S C K K P M
L I R T Q N O R J G K P
G C Q T X K F Y E E Q I
S Y A S N B T W S Z J N
M C T U M F W H I T E E
C L H L R J A B X K F A
V E L O M P R J C X E P
Y D E T O O E I B U Y P
W N T U V L H O R S E L
S C I S Y C B N U R S E
U S C Z E B R A C L P Z
T H S A W X A H G O H S
```

- ZEBRA
- PINEAPPLE
- WHITE
- NURSE
- ATHLETICS
- EYE
- CHICKEN
- SCHOOLBAG
- HORSE
- BICYCLE
- LOTUS
- SOFTWARE

WORDS TO DISCOVER PAGE 7

```
F C Y C L I N G S Y H M
Q I O C O W V J T Q A F
D N R M S C H M R W R J
K A E E P D I O A U D H
E F S K M U Y N W C W I
U I T R K A T K B F A B
Z S A F O T N E E F R I
T H U H T E J Y R Q E S
P T R B S M K T R O Z C
X I A J W D G C Y W P U
G S N O O A N I X L P S
J L T K R K Y H Y U O S
```

- MONKEY
- STRAWBERRY
- PINK
- FIREMAN
- CYCLING
- EAR
- FISH
- COMPUTER
- RESTAURANT
- SUBWAY
- HIBISCUS
- HARDWARE

WORDS TO DISCOVER PAGE 8

```
H I P O P P O T A M U S
D T M O T O R C Y C L E
B V P W D L F P G X N E
K A S R D I H U C O Y O
Z O F F I C E R H N H U
T K W K A E P P P D H H
W R L E J J E L F B N L
B F B M O L J E X M W P
R W A T E R M E L O N W
F X J T G C A C T U S S
V Z H K G P R I N T E R
S M N B O X I N G H P D
```

- BEACH
- MOTORCYCLE
- CACTUS
- PRINTER
- HIPOPPOTAMUS
- WATERMELON
- PURPLE
- POLICE OFFICER
- BOXING
- MOUTH
- EGG
- TELEPHONE

WORDS TO DISCOVER PAGE 9

```
D Z V X N U D I H Z F P
Q P N Z S L T W K Z E Y
T K U B U G J U D O R S
M U S E U M B R O W N C
G L I P O T A T O T P I
Q C V A P O F V I B E E
T L I M B L S R L V D N
S O U Y I N O S E I P T
H C E X F F L C M M Z I
X K A N G A R O O B W S
R T V B Z S Z D N F Y T
O I V E K X J J D K D S
```

- KANGAROO
- LEMON
- BROWN
- SCIENTIST
- JUDO
- NOSE
- POTATO
- CLOCK
- MUSEUM
- TAXI
- FERN
- KEYBOARD

WORDS TO DISCOVER PAGE 10

```
D Z V X N U D I H Z F P
Q P N Z S L T W K Z E Y
T K U B U G J U D O R S
M U S E U M B R O W N C
G L I P O T A T O T P I
Q C V A P O F V I B E E
T L I M B L S R L V D N
S O U Y I N O S E I P T
H C E X F F L C M M Z I
X K A N G A R O O B W S
R T V B Z S Z D N F Y T
O I V E K X J J D K D S
```

- KOALA
- CHERRY
- ORANGE
- JOURNALIST
- GOLF
- SHOULDER
- NOODLE
- TELEVISION
- THEATER
- SHIP
- PALM TREE
- MONITOR

WORDS TO DISCOVER PAGE 11

```
D Z V X N U D I H Z F P
Q P N Z S L T W K Z E Y
T K U B U G J U D O R S
M U S E U M B R O W N C
G L I P O T A T O T P I
Q C V A P O F V I B E E
T L I M B L S R L V D N
S O U Y I N O S E I P T
H C E X F F L C M M Z I
X K A N G A R O O B W S
R T V B Z S Z D N F Y T
O I V E K X J J D K D S
```

- PENGUIN
- PEAR
- GRAY
- ACTOR
- HOCKEY
- ELBOW
- SALAD
- REFRIGERATOR
- CHURCH
- HELICOPTER
- BONSAI
- MOUSE

WORDS TO DISCOVER PAGE 12

```
S Z G A M J N D F S J H
H N G I M J G I N M B L
L F B K V D W V U S J D
L N E K K I W I G U H H
U R S F A P D O I R C G
L K T A F A Z L A F K W
S C O O T E R E G I N P
R O V S V P B T V N E L
Z S E A U J J G W G E U
J W R O S E W O O D C E
M U S I C I A N C M R H
A P P L I C A T I O N A
```

- BEAR
- KIWI
- VIOLET
- MUSICIAN
- SURFING
- KNEE
- SOUP
- STOVE
- STADIUM
- SCOOTER
- ROSEWOOD
- APPLICATION

WORDS TO DISCOVER PAGE 13

```
Z P V G L P V J S F G A
O E M R A L J I E B Q E
B G F O J L N C L O C K
V C S W U N D T L Z M Y
Q H P A E N O H E O O B
P O R T V F T E R L V U
U C I E H K Y A Z B I Z
O O N R A T Y T I V E L
S L G F R O D E Z N Z D
H A O A D I Q R D Z C M
X T P L S Q R Z Y I L Z
R E P L A C E M E N T O
```

- PARTY
- SPRING
- MOVIE THEATER
- BED
- MOUNTAIN
- CHOCOLATE
- SOAP
- CLOCK
- WATERFALL
- TENNIS
- REPLACEMENT
- SELLER

  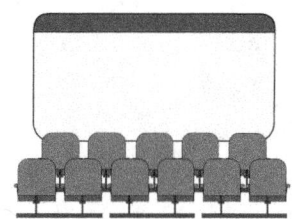 

WORDS TO DISCOVER PAGE 14

```
P V W Q I S T D H C M C
W B O S Q O B U D R S I
T S P U R C H A S E L G
M D H K S C L F I A F G
J R O A U E T I C M B Z
T O M Z M R S L E K I X
B K O C M P N M P N R I
E E E I E U O Q Z T T Y
H Z I W R O W O D P H K
N L I B R A R Y C M D T
P T D D O P I I T R A G
A C Z O H B D N I P Y G
```

- RAIN
- ICE CREAM
- SHAMPOO
- FILM
- SNOW
- SOCCER
- PURCHASE
- CLIENT
- BIRTHDAY
- SUMMER
- LIBRARY
- BOOK

WORDS TO DISCOVER PAGE 15

```
Q L F R P L L G I Q F L
X B A S K E T B A L L E
G P F W W F I N P Y P M
U G V O I G M M M O U F
G U T C N N L A Y M K A
K X C K T T D R M W K W
I B M D E S E R T X G E
K S A L R L Z I K P M L
T E L T A V B A K A G R
K U E S D G S G G R X N
B O X E B N B E I K J L
K E M A G A Z I N E L B
```

- WIND
- BULLET
- TOWEL
- GAME
- DESERT
- BASKETBALL
- SALE
- BOX
- MARRIAGE
- WINTER
- PARK
- MAGAZINE

WORDS TO DISCOVER PAGE 16

```
F Y W D V F Z F I M N W
B U Z F U F P V L P S J
V T B N M Z L N U L W S
C C H R I S T M A S I H
B F T F F S O L U C M E
C U E H J R P O N S M P
F L O W E R F A L L I E
U B O K E A E N S P N C
P B A K T C T R N T G G
W C Z P O S T E R S A K
J S S D O Z K D R X N E
T Y S H O P K E E P E R
```

- FLOWER
- CAKE
- PASTA
- MUSIC
- OCEAN
- SWIMMING
- LOAN
- SHOPKEEPER
- CHRISTMAS
- FALL
- THEATER
- POSTER

WORDS TO DISCOVER PAGE 17

```
J F I R I H T M Q C B B
N D K M W S M N O R J A
Y K F T I U I Z E H D L
T U R T L E R G H Y C L
U F N P T Y N B A Z O O
Y E C A B I N E T C R O
D K R U F M U C B D A N
L A S A G N A L W N L T
K S A T E L L I T E U K
C O N N B P H P X J J E
P I E S H V P B J N T C
M T W D H E P W C U J X
```

- TURTLE
- PLUM
- CORAL
- DENTIST
- KARATE
- FINGER
- LASAGNA
- CABINET
- ZOO
- BALLOON
- MINT
- SATELLITE

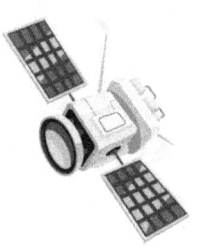

WORDS TO DISCOVER PAGE 18

```
D A T Z W M I T I O G P
R G Y D H K G S G C B U
I M O S L O B N Z Y O Q
D D G A X W I F I A O S
B Y U A V C U D J R K G
D A R C N S T O M A C H
V E T E R I N A R I A N
R H F R C Y R P W V S G
T G Q O U O A N I L E J
R O L L E R B L A D E S
U L S A Q U A R I U M L
C D E U C A L Y P T U S
```

- BAT
- ACEROLA
- GOLD
- VETERINARIAN
- FENCING
- STOMACH
- YOGURT
- BOOKCASE
- AQUARIUM
- ROLLERBLADES
- EUCALYPTUS
- WIFI

WORDS TO DISCOVER PAGE 19

```
X X P B S I L V E R T D
M Y X T T T F S I C R B
D N L B O Z V R K A G L
B C E R V F Z X O R W U
P O R J E A U B C P Q E
L A V E N D E R B E Q T
P L A N E T A R Y N E O
D O T B A X D I B T T O
G R L K I T O H E E L T
M N S E U L Y Z Q R S H
Z V R A S P B E R R Y T
Q E W W K N E P R C X G
```

- PARROT
- RASPBERRY
- SILVER
- CARPENTER
- POLE
- TO HEEL
- TOFU
- STOVE
- PLANETARY
- SKATEBOARD
- LAVENDER
- BLUETOOTH

WORDS TO DISCOVER PAGE 20

```
E X T A N G E R I N E Q
K L B I H M I N I V A N
Y A I D S B M J U E S K
T V F X Q A G A N Z W X
O E E P U N R B A E J U
Q N I S I K E U R P C N
Y D J W R F N T C I O K
D E O A R M A I H O E T
N R A X E R D C I P B J
Z Y D F L W E A V Y E A
D X A O R D V B E C Z S
L V J S Z O R A B B I T
```

- RABBIT
- JABUTICABA
- GRENADE
- SQUIRREL
- ROWING
- NECK
- FEIJOADA
- BANK
- UNARCHIVE
- MINIVAN
- LAVENDER
- TANGERINE

TEMPLATE

CHECK THE CORRECT ANSWERS TO THE ANSWERS BELOW

WORDS TO DISCOVER PAGE 1

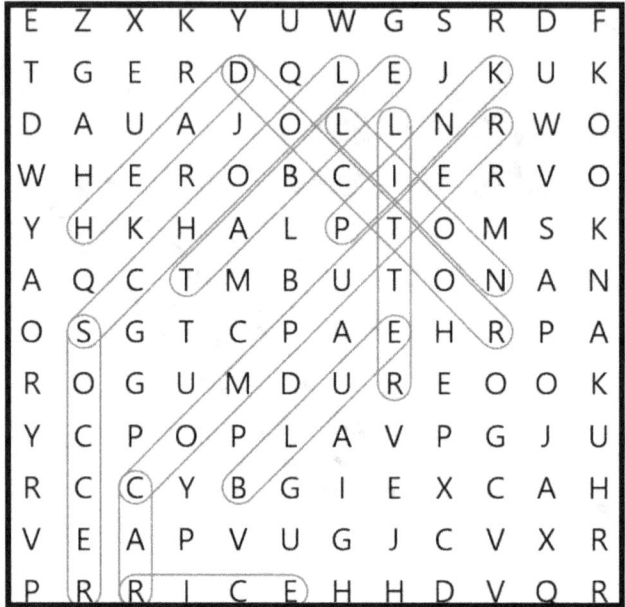

WORDS TO DISCOVER PAGE 2

WORDS TO DISCOVER PAGE 3

WORDS TO DISCOVER PAGE 4

CHECK THE CORRECT ANSWERS TO THE ANSWERS BELOW

WORDS TO DISCOVER PAGE 5

WORDS TO DISCOVER PAGE 6

WORDS TO DISCOVER PAGE 7

WORDS TO DISCOVER PAGE 8

CHECK THE CORRECT ANSWERS TO THE ANSWERS BELOW

WORDS TO DISCOVER PAGE 9

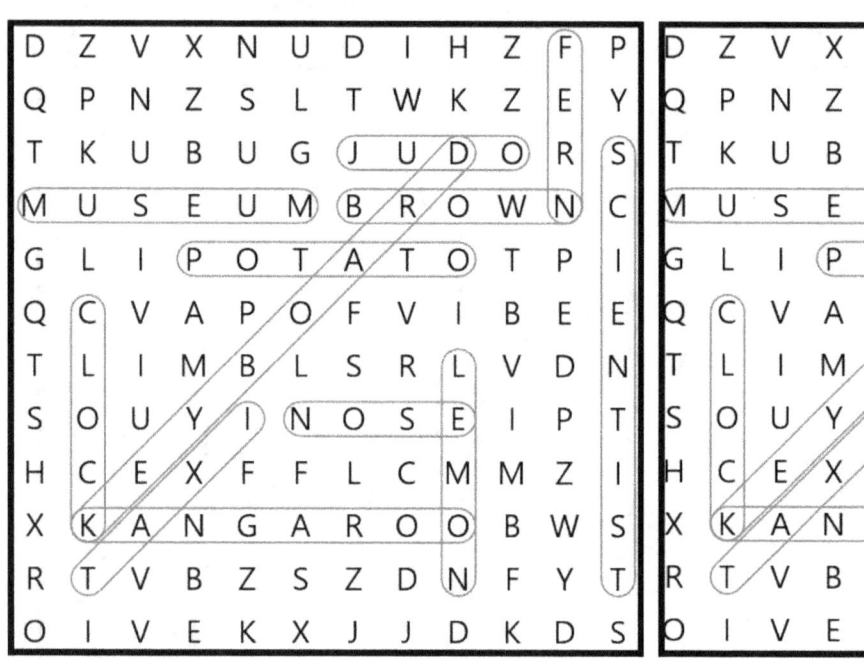

WORDS TO DISCOVER PAGE 10

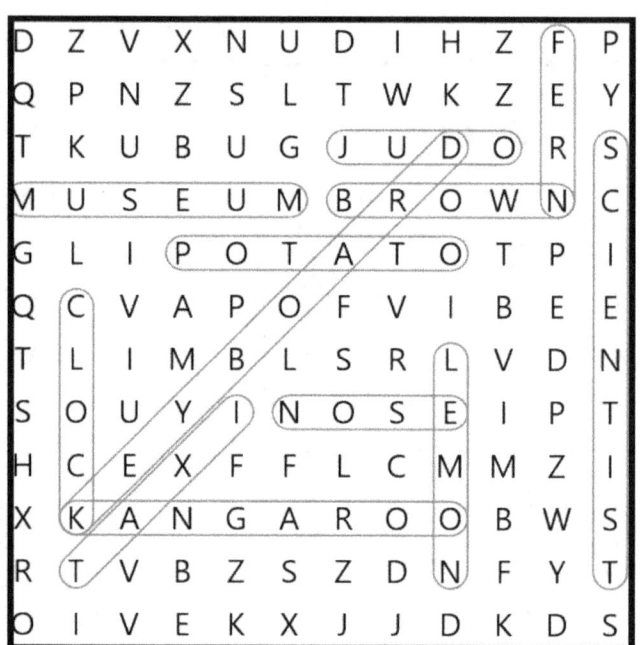

WORDS TO DISCOVER PAGE 11

WORDS TO DISCOVER PAGE 12

CHECK THE CORRECT ANSWERS TO THE ANSWERS BELOW

WORDS TO DISCOVER PAGE 13

WORDS TO DISCOVER PAGE 14

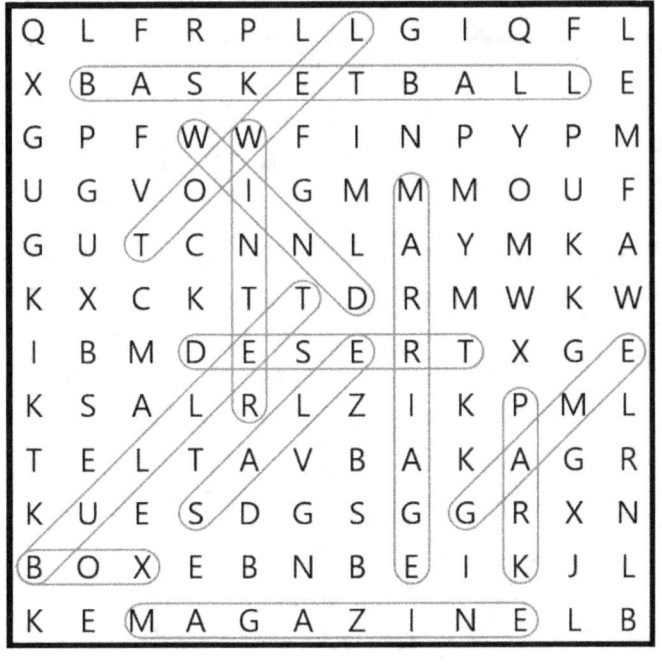

WORDS TO DISCOVER PAGE 15

WORDS TO DISCOVER PAGE 16

CHECK THE CORRECT ANSWERS TO THE ANSWERS BELOW

WORDS TO DISCOVER PAGE 17

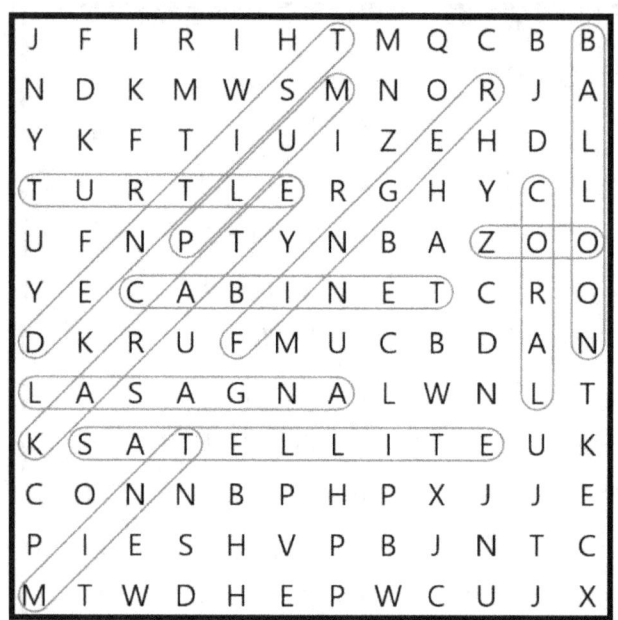

WORDS TO DISCOVER PAGE 18

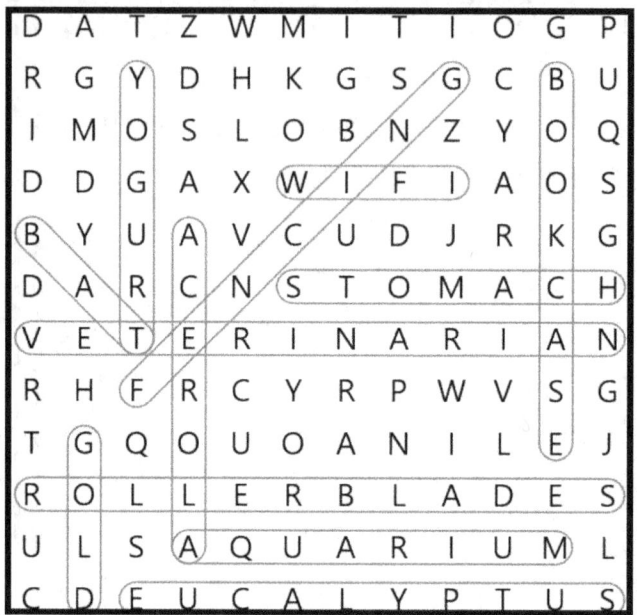

WORDS TO DISCOVER PAGE 19

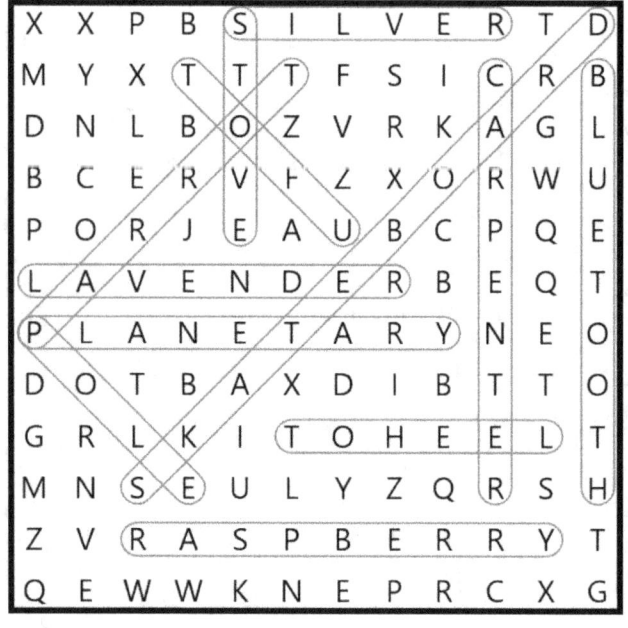

WORDS TO DISCOVER PAGE 20

www.ingramcontent.com/pod-product-compliance
Lightning Source LLC
Chambersburg PA
CBHW062316220526
45479CB00004B/1199